D1718555

WILLIAM VANDEN

SURMONTER LE TROUBLE DE LA PERSONNALITÉ DÉPENDANTE

INTRODUCTION
AU TROUBLE DE
LA PERSONNALITÉ
DÉPENDANTE

Le Trouble de la Personnalité Dépendante (TPD), une affection psychologique notable, offre un éventail de complexités qui suscitent une investigation rigoureuse. Ce trouble, souvent méconnu du grand public, se caractérise par une dépendance psychologique exacerbée envers autrui, où la prise de décision autonome devient un défi insurmontable pour la personne affectée. L'individu impacté par le TPD se trouve submergé par une angoisse envahissante dès qu'il est confronté à la nécessité de s'émanciper, fût-ce de manière éphémère, de l'assistance des autres.

Les symptômes du TPD, quoique variés, manifestent leur présence de manière plutôt discrète mais persistante. Il est fréquent de voir une peur excessive de l'abandon, une propension marquée à l'obéissance ou encore une sous-évaluation systématique de soi, au cœur des manifestations symptomatiques. La sphère relationnelle de la personne se voit, inévitablement, affectée, façonnée par des liens qui oscillent entre la soumission et une demande constante de rassurance.

Émanant du divan du psychanalyste, un écho silencieux résone : « Où il y a de l'effort, il y a de l'inhibition », une citation du célèbre Sigmund Freud qui, en toute subtilité, effleure la complexité du TPD. Cette inhibition, intrinsèquement liée à l'effort que représente la gestion autonome de son existence, illustre le combat intérieur mené par la personne atteinte du TPD. Une inhibition qui se voit, parfois, remplacée par une quête perpétuelle d'approbation, une séduction compulsive qui n'est autre qu'un leurre pour masquer une estime de soi en miettes.

Les causes possibles du TPD, bien qu'encore mystérieuses, ont souvent été explorées au travers de différentes lentilles théoriques. La génétique, l'environnement familial durant la petite enfance, ainsi que divers facteurs de stress psychologique sont fréquemment mis en lumière, non pas comme des causes certaines, mais comme des variables influentes qui, conjuguées, pourraient faciliter l'émergence du trouble. Cependant, il demeure impératif de ne point sombrer dans une attribution causale hâtive ou simpliste, la psyché humaine étant un océan de mystères non déchiffrés, où les vagues des symptômes et des troubles se forment dans un abîme souvent insaisissable.

L'étude du TPD ne se fait pas sans un regard critique sur les protocoles actuels, s'enracinant profondément dans la psychologie comportementale et cognitive, explorant les recoins souvent obscurs de l'esprit humain. La quête de compréhension de ce trouble s'entremêle ainsi avec une nécessité, une urgence presque, de démystifier les aspects qui lui sont attribués, afin de parvenir à une appréhension qui, bien que jamais complète, aspire à l'exhaustivité.

Une exploration s'ouvre, celle d'un trouble où la dépendance n'est pas un choix, mais une entrave, où l'autre devient simultanément le salut et la prison. Si, comme le philosophe Jean-Paul Sartre nous le rappelle, «L'enfer, c'est les autres», le TPD illustre une variation de cette pensée : pour la personne qui en souffre, l'enfer peut être de ne pas avoir les autres. Nous voici donc, en présence d'une thématique dont l'exploration, dénuée de jugement et empreinte d'une rigueur scientifique, se veut un éclairage sur ce pan souvent méconnu de la psychologie humaine.

COMPRENDRE LES
MÉCANISMES DU TPD

Abordons le Trouble de la Personnalité Dépendante sous le prisme de l'analyse comportementale et des mécanismes psychologiques profondément enracinés dans la structure mentale de l'individu. Le trouble, insidieux et souvent miroitant dans les eaux troubles de la psyché, se manifeste principalement à travers des comportements où la dépendance est reine et l'autonomie, un trône vacillant.

Une analyse attentive des comportements liés au TPD évoque, inévitablement, la notion de dépendance qui, loin de se limiter à une simple nécessité d'appui émotionnel, s'étend bien au-delà, englobant une quête incessante de validation externe. La personne affectée par le TPD exhibe une vulnérabilité notoire face au rejet et à la critique, nourrissant une crainte perpétuelle de l'abandon, réel ou perçu. La dépendance affective et émotionnelle qui caractérise le trouble dépasse souvent les frontières du supportable, forgeant des relations disproportionnées où la balance penche indubitablement du côté de la nécessité, de la carence, de la peur.

Ce qu'il faut bien comprendre, c'est que l'individu qui souffre du TPD ne choisit pas consciemment de se placer dans un statut de dépendance vis-à-vis des autres. Son fonctionnement psychique, structuré autour de mécanismes inconscients profondément ancrés, pilote son comportement vers une quête, parfois désespérée, de sécurité affective. Cette dernière s'exprime par des besoins qui peuvent paraître excessifs, notamment en matière d'attention et de réassurance.

La complexité de ce trouble réside également dans la dichotomie entre un désir inassouvi de protection et un besoin viscéral d'évitement de l'abandon. Cette dualité psychologique engendre un cercle vicieux dans lequel l'individu navigue entre une quête affective assidue et un comportement qui, paradoxalement, érode les fondements des relations, en les fragilisant, voire en les faisant imploser sous le poids de la nécessité et de l'insécurité.

L'interaction entre les comportements de dépendance et les processus mentaux sous-jacents dans le TPD incite à une profonde réflexion. En effet, cette dépendance excessive ne se manifeste pas de façon isolée, mais semble plutôt être le fruit d'un ensemble de croyances dysfonctionnelles et de perceptions altérées de soi et des autres. Une personne aux prises avec le TPD ne voit pas le monde à travers le même filtre que la plupart des gens. Là où certains voient l'opportunité de s'affirmer et de grandir, l'individu avec TPD perçoit un risque, une menace potentielle à son intégrité émotionnelle.

Les liens symbiotiques, souvent développés dans les relations de l'individu avec TPD, tracent une voie où le soi se dilue dans l'autre, et où l'identité personnelle se trouve reléguée à un second plan, supplantée par le besoin omniprésent de se sécuriser à travers l'approbation et le soutien d'autrui. Les interactions deviennent ainsi des transactions émotionnelles, où l'individu donne pour recevoir, non pas par choix, mais par une nécessité psychologique enracinée dans les méandres d'une psyché assiégée par l'incertitude et la crainte.

La richesse et la complexité du fonctionnement psychique des personnes atteintes de TPD exigent une compréhension dénuée de jugement, une exploration scientifique minutieuse, où chaque comportement, chaque réaction, est passé au crible de l'analyse dans une tentative de dévoiler les mystères d'une personnalité en quête perpétuelle d'une sécurité émotionnelle souvent insaisissable. En percevant les subtilités et les nuances du TPD, il est possible d'ouvrir une fenêtre vers une compréhension plus approfondie des dynamiques sous-jacentes qui animent et dictent les comportements associés à ce trouble, tout en laissant une place à l'inconnu, à ce qui reste à découvrir dans les abysses de la psyché humaine.

LA DIFFÉRENCE ENTRE DÉPENDANCE AFFECTIVE ET TPD

L'exploration des dynamiques psychologiques nous plonge dans un univers où les nuances priment et où la compréhension des termes s'avère cruciale pour décrypter la complexité des états mentaux. En entrant dans le labyrinthe qu'est la psyché humaine, un éclairage s'avère essentiel sur la distinction entre la dépendance affective et le Trouble de la Personnalité Dépendante (TPD), deux termes qui, bien que fréquemment utilisés de manière interchangeable dans le langage courant, révèlent, sous une analyse plus fine, des contours et des mécanismes distincts.

La dépendance affective, bien que se révélant souvent comme un élément saillant du TPD, se distingue par son spectre d'application et sa singularité comportementale. Ici, la dépendance affective peut être perçue comme une constellation de comportements qui gravitent autour d'un besoin exorbitant d'être aimé, d'être au centre des attentions et des préoccupations de l'autre. Cet état d'être se manifeste indépendamment du contexte relationnel et peut surgir dans une pluralité de situations, que ce soit dans le cadre amoureux, amical, familial, ou professionnel.

Là où le besoin devient indispensable et où l'autre se transforme en un pilier sans lequel l'équilibre semble précaire, nous entrons dans la sphère de la dépendance affective. Celle-ci ne se limite pas à une requête de reconnaissance et d'affection mais bouscule les limites du soi, érodant l'autonomie personnelle et permettant à l'autre d'exercer une influence démesurée, souvent inconsciente, sur l'individu dépendant. L'autre devient alors non plus un compagnon de vie, mais une béquille émotionnelle sans laquelle le sol semble se dérober sous les pieds.

Le Trouble de la Personnalité Dépendante, cependant, s'enveloppe d'une autre couche de complexité, enchevêtrant les mécanismes internes de l'individu dans une toile où la dépendance affective est un symptôme, mais non le cœur pulsant du trouble. Le TPD s'infiltre de manière plus systémique dans le fonctionnement psychique et comportemental de l'individu, le conduisant à développer des stratégies de vie et des schémas relationnels entièrement structurés autour de sa dépendance envers les autres.

Ce trouble engendre une incertitude profonde quant à la capacité de l'individu à fonctionner de manière autonome, à prendre des décisions indépendantes et à naviguer dans le monde sans un ancrage sécurisant et constant dans l'autre. Le TPD transcende ainsi la dépendance affective, en faisant un mode opératoire constant et omniprésent dans toutes les facettes de la vie de la personne concernée. Le monde, à travers les yeux de la personne avec TPD, est perçu comme un espace peuplé de dangers potentiels et de menaces à son équilibre, nécessitant la présence rassurante et infaillible d'une figure de soutien.

La clé pour débroussailler le terrain entre ces deux concepts réside dans l'analyse minutieuse des manifestations comportementales et de l'impact global sur la qualité de vie de l'individu. Alors que la dépendance affective peut se manifester de manière circonscrite et contextuelle, le TPD s'inscrit dans une perspective plus large et plus invasive, affectant l'ensemble des interactions, décisions et relations de l'individu.

Comprendre ces distinctions avec précision, c'est permettre un dialogue plus instruit et une appréciation plus juste des défis et des enjeux auxquels sont confrontées les personnes qui se battent, jour après jour, avec les tumultes internes de la dépendance et du TPD.

La précision dans notre langage et dans notre compréhension nourrit non seulement l'évolution du discours sur la santé mentale mais également l'élaboration de stratégies d'intervention plus adaptées et respectueuses de la réalité psychique de chaque individu.

LES ORIGINES POSSIBLES
DU TPD

S'immerger dans les abysses des origines potentielles du Trouble de la Personnalité Dépendante (TPD) exige une approche méthodologique fine, rigoureuse et exempte de toute prémisse réductrice. Les domaines de la psychologie et de la psychiatrie, dans leurs tentatives d'élucider les mécanismes de genèse des troubles mentaux, naviguent au sein d'une mer complexe et multidimensionnelle où les facteurs causaux ne se présentent jamais en isolation, mais interagissent au sein d'un réseau complexe et souvent mystérieux.

Le TPD, caractérisé par une dépendance psychologique marquée, une peur profonde de l'abandon et une lutte constante pour une assurance externe, ne déroge pas à cette complexité intrinsèque. Si l'on tente d'isoler des éléments pertinents dans cette quête de compréhension, on doit se pencher attentivement sur une interaction dynamique entre des composantes génétiques, biologiques, et environnementales, et examiner comment elles coexistent et interagissent dans la maturation et le développement de l'individu.

Sur le plan biologique, des recherches suggèrent l'implication possible de facteurs génétiques dans le développement du TPD. Bien que la causalité directe demeure insaisissable et que les gènes en soi ne soient pas des vecteurs de destin, les prédispositions génétiques peuvent, dans un environnement propice, favoriser l'émergence de traits caractéristiques du TPD. Il s'agit alors de comprendre comment cette vulnérabilité génétique interfère avec et est modulée par le contexte de vie de l'individu.

En plaçant la loupe sur l'environnement, la focale se déplace sur une multitude de facteurs, parmi lesquels le rôle crucial des premières années de vie. Les psychanalystes, à l'image de John Bowlby, ont souligné l'importance du lien d'attachement formé durant l'enfance, mettant en avant comment des attachements insécurisés pourraient sculpter des modèles relationnels futurs et instaurer un terreau fertile pour l'éclosion du TPD. Un environnement où l'enfant expérimente de manière répétée l'insécurité, la peur de l'abandon, ou un soutien émotionnel inconsistants peut, de manière insidieuse, graver dans le marbre psychique des structures de dépendance.

Intrinsèquement liés à cela, les événements traumatiques, notamment durant des périodes de développement cruciales, sont souvent soulignés comme des instigateurs potentiels dans le développement de troubles de la personnalité. Le trauma, dans son essence même, ébranle l'individu, modifie ses structures internes de gestion du stress et peut, en fonction de sa nature et de la résilience de la personne, générer des modèles comportementaux et cognitifs propices à l'instauration du TPD.

Le défi qui se présente à nous, professionnels et chercheurs dans le domaine de la santé mentale, est de parvenir à comprendre comment ces éléments, dans leur infinie complexité et leur interrelation constante, convergent pour forger les voies par lesquelles le TPD se manifeste. Les récits de vie de chaque individu avec TPD sont empreints d'une singularité qui ne permet pas de formuler des généralisations absolues, mais nous invite plutôt à appréhender chaque cas avec une attention particulière aux détails et aux nuances qui le caractérisent.

C'est une tâche ardue que de désenchevêtrer cet écheveau de facteurs et de comprendre comment ils se fondent dans l'établissement du TPD, tout en gardant à l'esprit que la compréhension scientifique doit toujours être mise au service de l'individu, respectant sa singularité et le vécu qui est le sien.

RECONNAÎTRE LES SIGNES
DU TPD CHEZ SOI

Distinguer la présence potentielle du Trouble de la Personnalité Dépendante (TPD) dans l'orchestre complexe des comportements et des pensées qui composent le quotidien exige un œil critique et une conscience affûtée des mécanismes qui régissent les tendances dépendantes. Cette intrication subtile entre différentes facettes de notre être engage une investigation soignée, loin de toute précipitation diagnosticale ou d'affirmations hâtives.

Lorsque nous pénétrons le domaine de l'auto-observation dans le contexte du TPD, un aspect cardinal qui requiert notre attention est le rapport à autrui, ainsi que la disposition émotionnelle et comportementale qui s'opère dans ce contexte relationnel. Le spectre des interactions humaines, dans le cas du TPD, est souvent teinté d'une qualité particulière, marquée par une aspiration constante et une quête insatiable de soutien et de rassurance externe. Cette dynamique, bien que compréhensible dans ses fondements, peut devenir source de tumulte interne et externe, forgeant un terrain sur lequel les relations deviennent simultanément source de salut et de souffrance.

L'autoscrutin peut également révéler une tendance à la minimisation de soi, où l'individu, dans son dialogue interne et dans son positionnement face au monde, peine à reconnaître et à affirmer son identité et ses besoins authentiques. Les appétences propres, les désirs et les aspirations peuvent être assourdis ou obstrués par une préoccupation omniprésente concernant l'opinion et le regard d'autrui. Cette vacillation entre le moi authentique et le moi social impose une tension constante, où l'individu se débat dans une quête de validation, souvent au détriment de son intégrité personnelle.

De surcroît, l'individu peut observer en soi une réticence à l'émancipation décisionnelle, une hésitation ou une incapacité à prendre des décisions autonomes, en l'absence d'un pilier extérieur sur lequel s'appuyer. Cette dépendance à l'égard du jugement d'autrui s'infiltre insidieusement dans les divers aspects de la vie quotidienne, sapant potentiellement la capacité à forger et à suivre un chemin personnel indépendant.

S'engager dans une démarche d'identification des signes du TPD requiert non seulement une lucidité, mais également une bienveillance envers soi-même. Ce n'est point un processus d'auto-incrimination, mais plutôt une exploration nécessaire et salutaire des domaines dans lesquels le TPD peut éventuellement exercer son influence délétère. En reconnaissant ces motifs, l'individu embrasse une première étape, certes ardue, mais cruciale, vers une compréhension approfondie et une gestion éventuelle du trouble.

Il est impératif de préciser que cette démarche d'auto-observation et de reconnaissance des signes éventuels de TPD ne saurait, en aucune circonstance, remplacer l'expertise et le soutien d'un professionnel de la santé mentale. La complexité et la subtilité du trouble, couplées à la nécessité d'une analyse nuancée et personnalisée, font du professionnel un acteur indispensable dans le processus de reconnaissance et de gestion du TPD.

L'IMPACT DU TPD SUR LES RELATIONS

Dans le dédale de nos interactions sociales, le Trouble de la Personnalité Dépendante (TPD) se manifeste comme une ombre, subtile et insidieuse, qui peut potentiellement teinter la dynamique des relations d'une empreinte parfois douloureuse et conflictuelle. En scrutant avec acuité le prisme des relations humaines sous l'influence du TPD, nous nous aventurons dans un espace où les besoins fondamentaux d'attachement et de reconnaissance entrent souvent en collision avec un manque d'autonomie émotionnelle.

La dimension relationnelle, ponctuée par le TPD, implique une tension persistante entre le désir de proximité et le danger potentiel d'une fusion émotionnelle. D'une part, l'individu aspire à des connexions profondes et sécurisantes, à un ancrage dans lequel le sentiment de sécurité peut éclore. D'autre part, cet ancrage peut se transformer en chaînes invisibles, liant inextricablement la propre estime de soi et le bien-être émotionnel à la disponibilité et à l'approbation d'autrui.

Dans ce contexte, la relation, loin de constituer un espace de partage mutuel et d'échange équilibré, peut subir une distorsion où le donneur et le receveur se mêlent dans une danse complexe d'attentes et de sacrifices. Le besoin inhérent à la personne atteinte de TPD de recevoir soutien et confirmation peut parfois éclipser la réciprocité et la saine frontière qui devraient caractériser les interactions humaines.

La peur de l'abandon, ce spectre omniprésent qui hante souvent l'individu aux prises avec le TPD, orchestre un ensemble de comportements qui, bien qu'initialement destinés à préserver la relation, peuvent en réalité semer les graines de la turbulence et de l'éloignement. Une vigilance constante à l'égard des signes de rejet possible, une hypersensibilité aux fluctuations de l'humeur et de l'attention de l'autre, tout ceci imprègne la dynamique relationnelle d'une intensité et d'une instabilité qui peuvent s'avérer épuisantes pour tous les acteurs impliqués.

RECONSTRUIRE SON
ESTIME DE SOI

L'estime de soi, ce pilier de notre identité, s'avère souvent fragilisée lorsque le Trouble de la Personnalité Dépendante s'infiltre dans les fondements de notre psyché. Pour l'individu en proie à cette problématique, la perception de sa propre valeur est fréquemment conditionnée, voire otage, du regard et de l'approbation d'autrui. Ainsi, dénouer les fils de cette dépendance relationnelle afin de tisser les trames d'une estime de soi autonome et solide devient un parcours à la fois délicat et essentiel.

Dans cette quête d'autonomie affective, une première étape cruciale consiste à s'immerger dans l'exploration intime de la provenance de cette dépendance. Cela implique de se pencher avec une honnêteté sans concession sur les fondations de sa propre estime, de démêler les attentes, les peurs et les insécurités qui se cachent sous la surface de la dépendance relationnelle. Parvenir à identifier ces émotions et croyances sous-jacentes offre une voie vers la compréhension et, ultérieurement, la transformation des schémas mentaux qui nourrissent le TPD.

Un regard lucide sur sa propre histoire, sur les empreintes laissées par les expériences passées et les relations significatives, permet d'éclairer les zones d'ombre où résident probablement les racines de la dépendance. Cette plongée introspective, bien qu'indispensable, requiert une prudence et une bienveillance envers soi-même afin de ne pas sombrer dans l'auto-jugement ou la culpabilisation. C'est une démarche de reconnaissance et d'acceptation plutôt que de condamnation.

S'affranchir des chaînes de la dépendance aux autres pour renforcer l'estime de soi passe également par l'apprentissage de la distinction entre le soi et l'autre. Cela implique de redéfinir les frontières personnelles, souvent floues dans le contexte du TPD, et d'apprendre à respecter et à protéger ces frontières dans le cadre des relations. Parvenir à dire non, à exprimer ses besoins et ses désirs sans crainte de répercussions négatives, s'impose comme un jalon fondamental dans la construction d'une estime de soi robuste et indépendante.

Il est également vital de se reconnecter avec soi-même, d'apprendre à reconnaître et à valoriser ses propres accomplissements, ses compétences et ses valeurs, indépendamment de l'acclamation externe. Cela peut signifier d'apprendre à célébrer les petites victoires, à s'accorder du mérite même en l'absence d'un public et à ancrer la reconnaissance de sa propre valeur dans un sol interne stable plutôt que dans le terrain parfois instable de l'opinion d'autrui.

Ce travail d'édification de l'estime de soi doit également intégrer la notion de la compassion envers soi-même. Cela signifie d'apprendre à s'accorder de la douceur et de la compréhension, surtout dans les moments d'échec ou de difficulté. L'autocritique, souvent exacerbée dans les cas de TPD, doit céder la place à une approche plus tendre et plus indulgente envers soi-même.

Parallèlement, il est impératif de citer la nécessité absolue d'une assistance professionnelle dans ce parcours vers la reconstruction de l'estime de soi. L'intervention d'un professionnel qualifié offre non seulement un guide à travers le labyrinthe parfois déroutant de l'introspection et de la transformation personnelle, mais sert également de miroir objectif et bienveillant dans lequel les premiers pas hésitants de la nouvelle estime de soi peuvent être reflétés et validés.

LES LIMITES DANS LES RELATIONS : IMPORTANCE ET MISE EN PLACE

Définir des limites relationnelles peut apparaître tel un défi monumental, semblable à l'édification d'une forteresse en plein cœur d'une tempête émotionnelle. Dans ce contexte, l'individu est souvent entravé par la peur de l'abandon, la crainte de mécontenter, et est submergé par le besoin de plaire à l'autre, même au prix de sa propre paix intérieure.

Les frontières relationnelles ne sont pas des barricades isolantes, mais plutôt des délimitations saines qui permettent de naviguer dans l'espace relationnel avec une clarté et une sécurité accrues. Elles établissent un périmètre au sein duquel l'individu peut se mouvoir librement, sans être constamment tiré vers l'extérieur par les demandes, attentes et besoins d'autrui.

Dans le cas du TPD, l'absence ou la porosité des limites peut transformer la relation en un terrain miné, où l'individu perd la trace de son propre sentier et se trouve constamment emporté dans les méandres des désirs et émotions de l'autre. L'érosion de l'auto-définition dans ce tourbillon de complaisance et de peur peut conduire à une dépersonnalisation et une perte de soi qui sont non seulement destructrices sur le plan personnel, mais également toxiques pour la relation elle-même.

Établir des limites, dans ce contexte, commence par un processus de reconnaissance et d'affirmation de ses propres besoins, désirs et droits dans la relation. Cela engendre une introspection profonde pour déterrer et comprendre ces éléments, souvent enfouis sous des couches d'auto-négation et de peur. Il s'agit de concéder que ses propres besoins sont valides et méritent d'être honorés.

Un point tout aussi fondamental dans la mise en place des limites réside dans la capacité à communiquer de manière claire, assertive et respectueuse. Cela signifie d'exprimer ce que l'on souhaite et ce que l'on ne tolère pas, de manière transparente et sans ambages, et d'être prêt à en assumer les conséquences.

Il est essentiel de comprendre que les limites ne sont pas des murailles statiques, mais des entités dynamiques qui nécessitent un ajustement constant et une attention soutenue. La vérification régulière de leur pertinence et de leur efficacité dans le respect de soi et de l'autre s'avère cruciale.

Dans l'acte de délimiter son espace personnel, l'individu est également confronté à l'épreuve de faire face aux réactions potentiellement négatives de l'autre. C'est ici que la fermeté doit entrer en scène – la capacité à maintenir ses limites même face à la résistance, au mécontentement ou à la colère d'autrui.

En somme, l'établissement de limites s'infiltre en profondeur dans le tissu des interactions relationnelles, offrant à la fois une protection et une structure, une expression de respect envers soi-même et envers l'autre. Ce faisant, il redéfinit les contours de l'espace partagé, invitant à une coexistence qui honore l'intégrité et l'autonomie de chacun, constituant ainsi un pas vigoureux vers une relation équilibrée et saine.

LA QUÊTE DE L'INDÉPENDANCE ÉMOTIONNELLE

L'autonomie émotionnelle se dresse comme un pilier essentiel dans la quête d'une existence plus équilibrée, surtout lorsque le Trouble de la Personnalité Dépendante (TPD) envahit le paysage psychologique de l'individu. Ce pilier n'est pas simplement une structure rigide ; il est un socle vivant, palpitant, dont l'établissement requiert une attention délicate et un engagement tenace.

Développer son autonomie émotionnelle signifie, dans une certaine mesure, tisser une nouvelle trame dans le vaste tissu de sa propre psyché, une trame où l'on est l'architecte délibéré de son propre bien-être et non plus un simple reflet des désirs et des besoins d'autrui. C'est une réorientation, une réorganisation profonde de la manière dont on aborde, vit et exprime les émotions.

L'autonomie émotionnelle s'enracine dans une connaissance de soi approfondie, un dialogue interne où les émotions ne sont pas seulement ressenties, mais également comprises et respectées. Il s'agit de reconnaître ses émotions sans être submergé par elles, de les observer sans les juger, et de les accepter sans les craindre. L'émotion n'est pas l'ennemi ; elle est un guide, une messagère qui, lorsqu'on l'écoute attentivement, révèle les profondeurs de notre propre être et nous dirige vers un état de plus grande harmonie.

Le défi ici se situe dans la capacité de s'accorder le droit d'exprimer, de vivre pleinement ces émotions sans s'y noyer, de les libérer sans être asservi par elles. La rage, la joie, doivent être accueillies dans l'arène de la conscience avec une égale hospitalité, examinées avec une curiosité bienveillante, puis libérées avec douceur afin de ne pas encombrer l'espace mental et émotionnel.

De même, la construction de l'autonomie émotionnelle implique l'établissement de barrières saines contre les infiltrations émotionnelles externes. Cela ne signifie pas d'ériger un mur impénétrable, mais plutôt de développer une sélectivité quant aux émotions que l'on choisit d'absorber ou de refléter depuis l'extérieur. C'est un exercice d'équilibre où l'on apprend à sympathiser sans s'approprier les émotions d'autrui, à offrir un soutien sans être submergé par les tempêtes émotionnelles externes.

Évoquer cette autonomie émotionnelle n'est pas suggérer un voyage vers un état où les émotions sont maîtrisées et contrôlées, mais plutôt vers une destination où elles sont respectées et reconnues comme des parties intégrantes et valides de l'expérience humaine. C'est un engagement envers soi-même, une promesse de respecter sa propre intégrité émotionnelle même dans le chaos des vagues émotionnelles qui peuvent se déchaîner autour de soi.

La quête de l'indépendance émotionnelle n'est pas un parcours linéaire, c'est une danse complexe entre acceptation, expression et libération, où chaque pas est à la fois une découverte de soi et une affirmation de soi. C'est une traversée qui, bien que semée d'embûches et de défis, porte en elle la promesse d'une existence plus authentique, plus centrée, et ultimement, plus libre.

L'ART DE PRENDRE DES DÉCISIONS SEUL

Naviguer dans le vaste océan des choix, équilibrer les plateaux de la décision sans fléchir sous le poids de l'incertitude, est un défi incontestable pour l'esprit, particulièrement pour celui entravé par le Trouble de la Personnalité Dépendante (TPD). L'aptitude à prendre des décisions seul non seulement exhorte une solide compréhension de ses propres désirs et besoins, mais également une capacité intrinsèque à peser, avec une balance intérieure précise, les mérites respectifs de diverses options.

La solitude dans la prise de décision, loin d'être une manifestation de l'isolement, symbolise une robuste indépendance d'esprit. Cela n'écarte pas la considération des conseils externes, mais plutôt priorise la voix intérieure en tant que l'écho le plus puissant dans la chambre de résolution.

Il se doit d'être une reconnaissance des consé-quences inhérentes à chaque alternative, une appré-ciation avertie de la chaîne de cause à effet qui se déroulera inexorablement une fois la décision mise en œuvre. Et dans ce carrefour de potentialités futures, un sentiment de confiance en soi doit être le phare qui guide à travers la brume de l'indécision.

L'autosuffisance décisionnelle est un muscle, subtil mais redoutable, qui se renforce à travers son utili-sation continue et judicieuse. C'est un art délicat, qui, bien que nuancé, devient une puissante manifestation de l'autonomie personnelle quand il est cultivé avec intention et conscience. Le processus de décision doit être imprégné d'une compréhension claire des propres valeurs et principes, car ce sont ces éléments qui serviront de boussole morale lors de la navigation à travers les complexités des choix potentiels.

Le conseil ultime pour ceux qui cherchent à aiguiser leur compétence décisionnelle réside dans la pratique délibérée. Chaque petite décision autonome effectuée avec conviction sème les graines d'une confiance accrue dans les capacités de jugement propres. Chaque choix fait, que ses résultats soient bénéfiques ou autrement, fournit des leçons précieuses, sculpte un peu plus fermement la statue de la compréhension de soi et affine davantage la capacité à diriger avec assurance le cours de sa propre existence.

L'intrépidité dans la prise de décision ne signifie pas l'absence de peur, mais la reconnaissance de celle-ci, l'appréciation de sa présence et la résolution de continuer malgré son murmure dissuasif. C'est dans cet acte courageux de choisir, dans cet instant de détermination solitaire, que l'on se libère des chaînes de la dépendance émotionnelle et s'élève, majestueusement, dans la puissante autonomie de la volonté propre.

DÉVELOPPER
L'ASSERTIVITÉ

Dans le dédale complexe de l'interaction humaine, l'assertivité surgit comme une compétence cruciale, l'épine dorsale sur laquelle s'appuie une communication efficace et authentique. C'est un élément indissociable de l'expression personnelle, une vigoureuse déclaration de l'individualité qui, lorsqu'elle est éclipsée, cède la place à une dynamique relationnelle où la vérité personnelle est souvent sacrifiée sur l'autel de l'harmonie superficielle.

Pour celles et ceux qui ploient sous le poids du Trouble de la Personnalité Dépendante (TPD), l'assertivité peut sembler un sommet distant, car leur interaction est fréquemment teintée par une peur viscérale du rejet, une réticence à imposer une charge émotionnelle à autrui, en manifestant leurs besoins et désirs. La peur de perturber l'équilibre fragile des relations par des vagues d'opinions discordantes ou de besoins non synchronisés déforme leur réalité relationnelle en un théâtre où leur rôle principal est d'apaiser, d'acquiescer, de céder.

L'assertivité, dans sa quintessence, est un art délicat d'équilibrage entre l'expression authentique de soi et une réceptivité empathique aux perspectives d'autrui. Ce n'est pas seulement le courage de parler, mais la sagesse de le faire d'une manière qui soit à la fois ferme et douce, qui communique la véracité du soi sans détruire le pont du dialogue.

L'importance de l'assertivité réside non seulement dans l'amélioration de la communication, mais également dans l'élévation de l'estime de soi. Lorsque les mots prononcés résonnent avec la vérité intérieure, ils valident l'existence de cette vérité, la solidifient en une entité tangible et audacieuse, qui est projetée dans le monde externe.

Mais, comment, alors, ceux enchaînés par la mentalité du TPD peuvent-ils embrasser l'assertivité et se libérer de leurs chaînes invisibles d'apaisement perpétuel et d'auto-effacement?

Le début réside dans l'introspection, dans une exploration profonde des abysses de leurs propres désirs, besoins et limites. C'est une plongée courageuse dans le soi, armée de la lampe de la conscience, qui cherche à illuminer ces vérités cachées, souvent enfouies sous des couches d'auto-déni et d'ignorance.

Ensuite, il s'agit de la cultivation de la valeur intrinsèque, une reconnaissance de la légitimité des propres besoins et désirs, qui ne sont ni inférieurs ni supérieurs à ceux des autres. C'est une prise de conscience que chaque voix, y compris la sienne, mérite d'être entendue dans le concerto complexe du dialogue humain.

L'exercice de l'assertivité commence souvent dans les petits instants, dans les interactions quotidiennes où l'on choisit consciemment de ne pas dissimuler sa vérité, mais de l'énoncer, avec respect et conviction. Il pourrait s'agir d'exprimer une préférence, d'établir une limite ou de partager une pensée ou un sentiment auparavant caché.

Chaque acte d'assertivité renforce le prochain, forgeant lentement mais sûrement un chemin vers une expression de soi plus authentique et audacieuse. C'est un voyage qui, bien que parfois inconfortable, se révèle indispensable pour quiconque cherche à se libérer des entraves de la dépendance émotionnelle et à marcher avec une autonomie affirmée sur le chemin de la vie.

ACCEPTER ET GÉRER LES ÉCHECS

L'échec, dans ses diverses manifestations, est souvent perçu non pas comme un élément constitutif du processus d'apprentissage et de développement, mais comme une fin défavorable, une marque indélébile de déficience ou d'inaptitude. Surtout pour ceux qui ont lutté contre les maux du Trouble de la Personnalité Dépendante (TPD), où la peur du rejet et la recherche incessante d'approbation prévalent, la gestion de l'échec peut s'avérer une épreuve considérable, un défi qui teste les frontières de l'identité et de la valeur personnelles.

Le TPD peut souvent amplifier la crainte de l'échec, car l'échec est parfois perçu comme une menace à la connexion et à l'acceptation, des aspects cruciaux qui sont désespérément recherchés. L'échec est vu non seulement comme une perte ou un manque dans le contexte spécifique de la situation mais est souvent internalisé comme une réflexion de l'identité propre. Cette peur de l'échec, ou l'atychiphobie, dépasse simplement la déception ou la frustration associées à ne pas atteindre un objectif désiré; elle se transforme en une menace pervasif à l'estime de soi et au sentiment d'appartenance.

Alors, comment se fraie-t-on un chemin à travers les décombres apparents de l'échec, en particulier lorsque le TPD colore la perception de soi et des relations avec une teinte si vigoureuse de dépendance émotionnelle?

Premièrement, c'est une nécessité impérative de démythifier l'échec, de le démêler du tissu de l'identité personnelle et de le replacer dans son contexte approprié comme une circonstance, non un reflet du soi. Cela exige une dissociation entre le résultat d'une entreprise spécifique et la valeur et la compétence intrinsèques de l'individu. L'échec doit être compris et accepté comme une incidence normale, inhérente au chemin vers l'accomplissement et la réussite.

Cette dissociation s'ancre dans le concept de croissance fixe versus mentalité de croissance, théorisé par la psychologue Carol Dweck. L'individu doit transmuter son interprétation de l'échec d'une finale inéluctable vers une opportunité pour le développement et l'apprentissage. C'est la différenciation entre voir l'échec comme une confirmation de l'inaptitude et le voir comme un indicateur des domaines nécessitant une attention et une amélioration supplémentaires.

L'échec, dans cette lumière, se transforme en un instrument de croissance personnelle, un miroir qui réfléchit les points de faiblesse non pas pour induire du dédain de soi, mais pour illuminer les avenues du développement potentiel. L'échec peut devenir un guide, soulignant où l'effort et l'attention doivent être redirigés, offrant une boussole claire dans le voyage souvent tumultueux vers l'amélioration personnelle et la réalisation d'objectifs.

Le deuxième pas dans ce processus d'acceptation et de gestion de l'échec est la régulation et la transformation de la réponse émotionnelle à l'échec. Il est essentiel de permettre un espace pour les émotions qui émergent, de les reconnaître sans jugement, et ensuite de les guider doucement vers un terrain constructif. Cela peut signifier la reconnaissance de la déception tout en évitant de sombrer dans l'autoflagellation ou l'apitoiement.

Il est aussi vital de rester vigilant contre l'erreur commune de la généralisation hâtive, où un échec spécifique est extrapolé pour définir de manière globale les capacités ou la valeur de l'individu. La reconnaissance de l'échec comme un incident isolé, non représentatif de l'identité globale ou des capacités de l'individu, est cruciale pour maintenir une perspective saine et constructive.

LE RÔLE DES EXPÉRIENCES
PASSÉES DANS LE TPD

Les racines du Trouble de la Personnalité Dépendante (TPD) plongent profondément dans le sol fertile des expériences passées, chaque moment vécu tissant un fil subtil mais puissant qui, accumulé, forme la toile complexe de notre psyché. Les événements passés, particulièrement ceux qui ont percé le coeur de notre enfance et adolescence, deviennent souvent les graines d'où germent nos comportements, nos croyances et nos motifs relationnels à l'âge adulte. Le développement du TPD ne fait pas exception à cette règle psychologique, se formant souvent dans les cendres des expériences antérieures qui ont sculpté notre compréhension du soi et des autres.

Le passé est un livre de leçons, ses pages inscrites avec les scénarios et les récits qui ont faconné notre psychologie et nos comportements dans le présent. En particulier, dans le contexte du TPD, il est crucial d'examiner le rôle que les expériences antérieures jouent dans la configuration de la dépendance émotionnelle.

L'enfance et l'adolescence sont des périodes de développement critique, où les fondations de notre identité et de nos mécanismes de gestion émotionnelle sont formées. Les enfants développent un système de croyances sur eux-mêmes et le monde qui les entoure en partie grâce à leurs interactions avec les figures parentales et leurs pairs. Ces expériences initiales jettent les bases de nos attentes relationnelles, de notre estime de soi et de nos mécanismes d'adaptation face aux défis émotionnels et psychologiques.

Par exemple, un enfant qui a vécu une invalidation émotionnelle persistante ou une incohérence dans les réponses émotionnelles des figures d'attachement peut grandir en interprétant que ses sentiments et besoins ne sont ni valides ni importants. Cet enfant peut, en conséquence, développer des stratégies comportementales pour s'assurer l'affection et l'attention, comme minimiser ses propres besoins et mettre en exergue ceux des autres, dans le but de se protéger contre le rejet ou la négligence émotionnelle. Cette configuration comportementale peut facilement se glisser dans les dynamiques du TPD à l'âge adulte, où la peur du rejet et l'extrême sensibilité à l'approbation des autres deviennent prédominantes.

D'un autre côté, les personnes qui ont été confrontées à une invalidation répétée de leurs expériences et émotions ou à des expériences traumatisantes peuvent apprendre à chercher constamment une validation extérieure pour apaiser leurs propres insécurités et doutes. Leur propre voix intérieure, ayant été si souvent étouffée ou discréditée, pourrait devenir silencieuse face au bruit assourdissant de l'approbation externe. Par conséquent, le développement d'une identité stable et solide devient ardu, faisant place à une dépendance aux autres pour définir le soi.

Il est impératif de reconnaître que la formation du TPD n'est pas un processus linéaire, et il ne peut être réduit à une somme directe des expériences passées. Plutôt, c'est une interaction complexe entre les expériences vécues, la biologie, la personnalité innée, et d'autres facteurs psychosociaux qui conçoivent le terrain pour le développement potentiel du trouble. Le rôle du passé dans la configuration du TPD est multiforme, imprégnant ses influences à travers divers canaux tels que les attentes relationnelles, les mécanismes d'adaptation, l'estime de soi, et les réponses aux émotions.

Disséquer ces influences du passé n'est pas un exercice de culpabilisation ou une tentative de trouver un coupable, mais plutôt une exploration nécessaire pour comprendre et démystifier les origines de la dépendance émotionnelle et comportementale présente. C'est à travers cette compréhension que les interventions thérapeutiques peuvent être façonnées, que les comportements peuvent être déconstruits, et que la guérison peut commencer à prendre racine.

En plongeant plus avant dans la compréhension des empreintes laissées par les expériences antérieures, la nécessité d'une navigation minutieuse dans le dédale des souvenirs et des émotions subséquentes devient manifeste. Ces impressions du passé, tout en offrant un éclairage inestimable sur la formation et la persistance du TPD, offrent également un terrain fertile pour le développement d'interventions thérapeutiques et de stratégies d'autogestion, lesquelles visent à briser les chaînes de la dépendance et à favoriser l'émergence d'une autonomie émotionnelle.

Le passé, avec sa myriade d'expériences, favorise l'incorporation de diverses croyances et attitudes envers soi-même et les autres. Une personne qui a, par exemple, été constamment critiquée ou dont les besoins ont été négligés peut internaliser une croyance profondément ancrée selon laquelle elle est indigne ou insuffisante. Ces croyances, à leur tour, peuvent façonner les comportements et les stratégies d'adaptation qui servent à maintenir un semblant de contrôle ou de stabilité dans les relations futures. La quête effrénée d'approbation et de validation, caractéristique du TPD, peut alors être comprise comme une tentative de combler ce vide d'estime de soi et de sécuriser un attachement qui était insaisissable dans le passé.

Comprendre comment ces croyances et ces comportements ont été formés dans le terreau des expériences antérieures devient un pilier essentiel dans l'établissement d'un parcours thérapeutique. Il ne s'agit pas simplement d'examiner ces expériences avec une lentille analytique, mais de les explorer avec empathie et compassion, permettant ainsi à l'individu d'embrasser pleinement leur impact sans sombrer dans un puits d'auto-blâme ou de regret.

Par ailleurs, explorer les séquelles des expériences passées dans le contexte du TPD nécessite également une exploration de la manière dont ces expériences ont influencé non seulement l'image de soi, mais également la perception des autres et des relations dans leur ensemble. Les figures parentales ou d'attachement, en particulier, jouent souvent un rôle significatif dans la modulation des attentes relationnelles à l'âge adulte. Lorsqu'un enfant expérimente des réponses émotion-nelles inconsistentes ou invalidantes de la part d'une figure d'attachement, cela peut créer une incertitude et une méfiance fondamentales vis-à-vis des relations et de la fiabilité des autres.

L'écho de ces expériences relationnelles passées peut se manifester sous la forme d'une dépendance accrue dans les relations à l'âge adulte, où l'individu cherche constamment l'assurance et la validation qui lui ont peut-être été niées plus tôt dans la vie. La peur persistante du rejet ou de l'abandon peut alors devenir un moteur perpétuel de comportements dépendants, où l'approbation des autres est recherchée à tout prix, même au détriment de soi.

Dans cette lumière, le thérapeute et l'individu travaillent de concert pour démêler et comprendre ces fils complexes du passé. L'objectif n'est pas de réécrire l'histoire ni de modifier les expériences vécues, mais plutôt d'apprendre à les voir sous un jour nouveau, de restructurer les croyances dysfonctionnelles qui en découlent, et de construire de nouvelles façons de s'engager dans les relations qui ne sont pas teintées par la dépendance et la peur.

En créant un espace où ces expériences et croyances peuvent être examinées sans jugement, l'individu commence le processus de guérison en reconnaissant et en acceptant leur impact, tout en cherchant activement à développer de nouvelles stratégies et comportements qui reflètent une autonomie émotionnelle et relationnelle. Cette transition de la dépendance vers l'indépendance n'est pas une tâche aisée, ni une route linéaire, mais plutôt un parcours sinueux, parsemé d'explorations continues, de découvertes et, inévitablement, de réajustements.

TRAVAILLER SUR LA PEUR
DE L'ABANDON

La peur de l'abandon, omniprésente et parfois débilitante, s'infiltre dans les interstices de l'esprit, modelant les comportements et les interactions d'une manière qui cherche désespérément à éviter la réalisation de cette crainte. Il est essentiel de comprendre que cette appréhension n'est pas simplement une émotion passagère ou un sentiment flottant, mais plutôt une force puissante qui peut façonner et souvent déformer la dynamique des relations et la perception de soi au sein de ces dernières. Les individus qui luttent avec une peur prégnante de l'abandon entament souvent une danse émotionnelle complexe, naviguant soigneusement entre le désir de proximité et la crainte d'une vulnérabilité excessive.

L'examen méticuleux de cette peur ne se contente pas de dévoiler la façade extérieure de l'anxiété, mais sonde plus profondément pour explorer les racines profondément ancrées d'où émerge cette angoisse. Souvent, ces racines trouvent leur origine dans les expériences formatrices de l'enfance, où l'inconsistance ou l'insécurité relationnelle peuvent imprégner le tissu émotionnel de l'individu d'une méfiance persistante et d'une crainte du rejet ou de l'abandon. L'exploration et la compréhension de ces origines sont cruciales pour établir des stratégies thérapeutiques et personnelles afin de gérer et potentiellement atténuer la peur de l'abandon.

La première étape vers la gestion de cette peur consiste à l'accepter comme une composante présente de l'expérience émotionnelle, sans jugement ou résistance. La reconnaissance de la peur, sans la stigmatiser ou la repousser, crée un espace où elle peut être examinée plus objectivement et où les patterns comportementaux qui en découlent peuvent être identifiés. En présence d'un professionnel de la santé mentale, cet espace peut être utilisé pour commencer à disséquer et à comprendre comment cette peur s'est manifestée dans le comportement, la prise de décision et les relations.

Lorsque l'on aborde la question de gérer la peur de l'abandon, l'attention se porte souvent sur l'instauration d'un sentiment de sécurité au sein de soi-même. Cultiver un sentiment de sécurité interne, où l'individu peut se sentir stable et en sécurité sans la validation ou l'assurance constante des autres, est une entreprise qui nécessite un engagement et un travail conséquents. Cela peut impliquer le développement d'un dialogue interne bienveillant, dans lequel l'individu apprend à offrir du réconfort et de l'assurance à soi-même, minimisant ainsi la recherche constante de ces éléments à l'extérieur.

En parallèle, le renforcement de la confiance en soi et de l'estime de soi est d'une importance capitale dans la gestion de la peur de l'abandon. Le sentiment d'être digne et précieux sans la nécessité d'une validation externe est un élément clé pour construire une plate-forme stable sur laquelle l'individu peut se tenir, même en l'absence d'assurance relationnelle. Ceci est parti-culièrement pertinent dans le contexte du TPD, où la dépendance à la validation extérieure est souvent exacerbée.

En outre, le développement de compétences en matière de relations interpersonnelles, où l'individu apprend à communiquer efficacement ses besoins, ses peurs et ses désirs, offre un moyen de naviguer dans les relations d'une manière qui ne soit pas entièrement dictée par la peur de l'abandon. Cela peut inclure des stratégies pour établir des limites saines, exprimer les émotions de manière constructive et négocier les compromis au sein de la relation.

Un autre pilier dans le travail sur la peur de l'abandon est l'apprentissage de la régulation émotionnelle. Les émotions, lorsqu'elles sont intenses et envahissantes, peuvent submerger l'individu, rendant difficile l'engagement dans des comportements réfléchis et intentionnels. En développant des compétences pour reconnaître, comprendre et réguler ces émotions, l'individu peut créer un espace où les réactions ne sont pas pilotées uniquement par l'émotion du moment, mais sont plutôt des réponses conscientes et délibérées aux situations relationnelles.

En incorporant ces éléments dans une stratégie globale pour travailler sur la peur de l'abandon, l'individu commence à déplacer le locus du contrôle émotionnel et relationnel vers l'intérieur, créant ainsi une fondation sur laquelle bâtir des relations plus saines et moins gouvernées par la peur.

LA REDÉFINITION DE SON IDENTITÉ

L'identité, un ensemble complexe et multiforme de caractéristiques, croyances, et expériences qui forment notre sens du moi, peut être perçue différemment en fonction des diverses lunettes à travers lesquelles nous nous observons et sommes observés. Tout au long de notre parcours, l'évolution de l'identité est une constante, évoluant à travers des phases de stabilité, de bouleversement et parfois de crise. Lorsque les individus naviguent à travers ces mers parfois tumultueuses, la tendance à s'accrocher à des bouées de sauvetage sous forme de relations et de diverses formes de dépendances peut survenir. Se découvrir en dehors de ces paramètres requiert un regard introspectif profond et souvent un engagement dans un voyage de développement personnel rigoureux.

Le concept d'identité indépendante des relations et des dépendances s'ancre souvent dans la capacité à s'engager de manière significative avec soi-même, à comprendre ses propres besoins, désirs, et limites, et à fonctionner d'une manière qui est en accord avec ces aspects sans être démesurément influencé par les attentes ou les désirs des autres. La manifestation de cette forme d'identité indépendante peut être particulièrement évidente dans les situations où l'individu est libre de faire des choix et de prendre des décisions qui reflètent fidèlement ses propres valeurs et aspirations, non obscurcies par le prisme des besoins et des attentes externes.

Dans le cadre des relations, où l'identité est souvent entrelacée avec celle d'autrui, se découvrant en dehors de ces liens implique la désintrication des fils du soi et de l'autre. Cela signifie également explorer et comprendre les aspects du soi qui peuvent avoir été supprimés, négligés ou modifiés pour s'adapter ou s'aligner sur les partenaires relationnels. Cela exige également une exploration des aspects de l'identité qui peuvent avoir été construits ou façonnés par la dynamique relationnelle et qui, lorsqu'ils sont examinés indépendamment, peuvent ne pas résonner ou s'aligner avec l'individu en dehors de ce contexte.

Les dépendances, quant à elles, peuvent masquer, distordre ou supprimer des aspects de l'identité en saturant l'individu avec une focalisation et une prédilection qui obscurcissent d'autres domaines de la vie et du soi. Se redécouvrir en dehors de ces contraintes implique souvent de naviguer à travers les territoires inexplorés ou négligés du soi qui ont été occultés par la dépendance. Cela peut également nécessiter une exploration des aspects de l'identité qui ont été développés ou renforcés par la dépendance, tels que les comportements, les croyances et les stratégies de gestion du stress ou des émotions.

L'exploration de l'identité en dehors de ces paramètres est souvent un voyage ardu, nécessitant non seulement un engagement envers l'exploration de soi mais aussi la volonté de confronter et de remettre en question des aspects du soi qui ont été auparavant non examinés ou acceptés sans critique. Cela peut impliquer de naviguer à travers des terrains émotionnels difficiles, de confronter des aspects inconfortables ou désagréables du soi, et d'engager des changements qui, bien que finalement positifs, peuvent être perturbants ou difficiles.

Le processus de redéfinition et de découverte de l'identité implique également l'exploration et la solidification des propres valeurs, croyances et principes de l'individu. Cela comprend la compréhension des éléments qui sont authentiquement reflétant le soi, par opposition à ceux qui ont été intériorisés à partir de relations, de dépendances ou d'autres sources externes. Cette solidification des valeurs et des croyances fournit un ancrage autour duquel l'identité peut être construite et à travers lequel les décisions, les actions et les interactions peuvent être filtrées.

Le développement d'une identité authentique et indépendante est un processus dynamique, impliquant à la fois l'exploration de soi et le développement actif du soi. Cela exige non seulement une compréhension de qui l'on est en l'absence de forces externes mais aussi un engagement envers qui l'on veut être et le développement actif de cette identité. Cela implique la prise de décisions et le choix d'actions qui sont en alignement avec cette identité désirée, même en présence de difficultés ou de défis.

SE DISTANCIER DES
RELATIONS TOXIQUES

Les relations humaines, complexes et diversifiées, offrent un éventail d'expériences, allant de l'enrichissement personnel au potentiel de déclencher et d'exacerber des traits et des symptômes, particulièrement dans le contexte du Trouble de la Personnalité Dépendante (TPD). Le TPD, caractérisé par une peur envahissante d'être seul et une dépendance affective, peut être aggravé ou intensifié par des interactions et des dynamiques relationnelles spécifiques, en particulier celles qui pourraient être considérées comme toxiques. À travers cet éclairage, reconnaître et s'éloigner de ces relations toxiques devient un pilier central dans la gestion et l'atténuation des symptômes du TPD.

Tout d'abord, l'identification de ce qui constitue une relation toxique, particulièrement dans le prisme du TPD, demande une exploration substantielle. Les individus ayant ce trouble sont susceptibles de s'accrocher aux relations, malgré la nocivité potentielle, en raison de leur peur sous-jacente de l'isolement et de l'abandon. Les relations qui exacerbent le TPD tendent souvent à être celles qui renforcent les comportements de dépendance, qui entretiennent l'insécurité émotionnelle et qui, intentionnellement ou non, exploitent la peur de l'abandon.

En particulier, les relations qui oscillent entre le soutien et la rétention, ou qui offrent de l'affection ou de l'approbation de manière incohérente, peuvent être particulièrement préjudiciables. La dynamique du pouvoir dans ces interactions tend souvent à être déséquilibrée, avec une personne exerçant un contrôle ou une influence disproportionnée sur l'autre. Les individus avec le TPD, dans ces contextes, peuvent trouver leur peur de l'abandon exploitée, se sentant à la fois précieux et jetables selon les caprices ou les besoins de leur partenaire.

Le besoin de plaire, de se conformer ou de s'adapter pour éviter l'abandon ou le rejet peut également être amplifié dans ces relations toxiques, créant un cycle où l'individu avec le TPD se sacrifie continuellement ou modifie son comportement pour maintenir la relation. Cela peut, à son tour, renforcer l'identification de l'individu avec la relation, faisant écho à leur propre perception de la valeur et du succès par la lorgnette du partenariat et augmentant leur vulnérabilité aux dynamiques toxiques.

Envisager un chemin vers la distanciation au sein de ces relations requiert une reconnaissance des patterns et dynamiques nocives. Cela exige un regard courageux et honnête sur les interactions, les comportements et les sentiments qui sont présents dans la relation. À l'inverse de l'instinct naturel d'une personne avec un TPD, qui pourrait être d'ignorer ou de minimiser les comportements négatifs pour maintenir la relation à tout prix, ce processus d'examen et de reconnaissance demande d'accueillir et d'accepter la réalité des expériences vécues sans les filtrer à travers le voile de la peur de l'abandon.

Dans ce processus, il est également impératif de reconnaître et d'accepter les sentiments et les besoins propres, et de comprendre comment ces derniers sont mis de côté ou négligés dans le cadre de la relation toxique. Les émotions, souvent supprimées ou ignorées en faveur de maintenir la paix ou la continuité relationnelle, doivent être explorées et données une place légitime dans l'expérience de l'individu.

Alors, une redéfinition des attentes et des limites personnelles s'amorce. Ce n'est pas simplement l'établissement de ces limites qui est crucial, mais aussi l'engagement à les maintenir face à la pression ou la manipulation potentielle. Cela implique de renforcer et de protéger le soi dans des manières qui peuvent être à la fois nouvelles et difficiles, surtout lorsque cela va à l'encontre des habitudes et des comportements établis dans le passé.

La poursuite du chemin vers l'éloignement des relations toxiques, surtout pour ceux qui sont embourbés dans les mailles du TPD, s'ancre dans une fusion de reconnaissance et d'action. Reconnaître la toxicité et les dynamiques malsaines est une étape, mais traduire cette reconnaissance en actions concrètes nécessite une autre couche d'engagement et de détermination. Cela dit, l'accentuation de l'indépendance émotionnelle, l'affirmation de soi et la restructuration des perspectives personnelles jouent un rôle capital dans ce voyage vers la distanciation.

La navigation à travers les méandres émotionnels, surtout lorsqu'il s'agit de s'éloigner des relations qui, bien que toxiques, ont fourni un certain degré de confort ou de familiarité, peut être déroutante. Les peurs et les anxiétés, bien enracinées dans les structures du TPD, ne disparaîtront pas simplement parce qu'une décision a été prise. Ainsi, la mise en place de supports et de stratégies pour gérer les vagues émotionnelles qui peuvent survenir est primordiale.

Pour les personnes avec le TPD, l'abandon est terrifiant, même si la décision de partir est de leur propre chef. Par conséquent, avoir des mécanismes en place pour gérer l'angoisse de l'abandon est fondamental. Cela pourrait inclure des interventions thérapeutiques, des supports communautaires, ou l'établissement de relations et de connexions alternatives qui ne sont pas chargées de la même toxicité et des mêmes dynamiques malsaines.

Parallèlement, il est essentiel de développer et de renforcer une identité en dehors de la relation toxique. Souvent, les relations qui sont lourdes de dynamiques toxiques peuvent être si englobantes qu'elles consomment l'identité, laissant les individus se sentir perdus ou incertains de qui ils sont en dehors du contexte relationnel. Cela implique un travail intérieur conséquent, où les valeurs, les croyances, les intérêts et les désirs propres sont explorés et renforcés indépendamment de toute influence externe.

La réaffirmation de l'identité peut également signifier la redécouverte des aspects de soi qui ont peut-être été négligés ou réprimés dans la tentative de maintenir la relation. Il s'agit d'une opportunité d'exploration de soi, d'embrasser des aspects négligés et de forger un chemin qui est authentique et non dicté par la peur ou la nécessité d'appartenance.

Un autre pan crucial de ce processus est la reconstruction des frontières qui peuvent avoir été érodées ou ignorées pendant la relation toxique. Cela peut signifier apprendre ou réapprendre à dire non, à protéger l'espace personnel et émotionnel, et à s'engager dans des interactions qui honorent et respectent ces limites. Bien sûr, cela n'est pas sans difficultés, surtout pour ceux pour qui le conflit est une source d'anxiété ou de peur, mais le renforcement constant et progressif des limites est un pilier dans le maintien de la distance et la protection de soi.

La réalité est que les relations, surtout celles qui sont imbibées de toxicité, peuvent laisser une marque indélébile, et le travail vers la distanciation et la guérison est souvent non linéaire et complexe. Le deuil de la relation, même si elle était malsaine, est une étape souvent inévitable du processus, où les pertes et les manques sont reconnus et pleurés.

Également, il est important de s'engager avec de la compassion envers soi-même, en reconnaissant que le chemin ne sera pas sans embûches et que des moments de doute et de difficulté ne sont pas des échecs, mais plutôt des points de passage sur le chemin vers une plus grande autonomie et une meilleure santé relationnelle.

Alors, s'éloigner des relations toxiques dans le contexte du TPD n'est pas simplement un acte de départ physique ou émotionnel. C'est un processus d'exploration de soi, de reconstruction de l'identité, de renforcement des frontières et de navigation à travers les couches complexes de la peur, de l'abandon et de la redécouverte de soi. C'est un acte qui est à la fois personnel et universel, intime et expansif, et qui demande du courage, de la vulnérabilité et, surtout, un engagement envers soi-même qui transcende la peur et embrasse la possibilité de croissance et de transformation.

LA VALORISATION DE LA
SOLITUDE

Explorer la solitude et en tirer profit demande une délicate introspection, une démarche qui s'ancre profondément dans l'acceptation de l'auto-isolement non pas comme une contrainte, mais comme un espace propice au développement personnel. Il est vital de distinguer la solitude de l'isolement, la première étant un état d'être seul sans se sentir isolé, et le second étant une condition de retrait social.

La solitude, lorsqu'elle est embrassée et exploitée de manière constructive, devient un creuset pour l'auto-réflexion et l'auto-découverte. Un espace où le bruit externe s'atténue, permettant une écoute plus précise de la voix intérieure, celle qui est souvent noyée dans le tumulte des interactions sociales et des obligations quotidiennes. C'est un territoire où l'on peut s'engager honnêtement et sans entrave avec ses pensées, ses sentiments et ses désirs sans le filtre des attentes ou des jugements externes.

Pour ceux qui ont vécu dans le tumulte des relations toxiques ou qui se sont retrouvés emmêlés dans les filets de la dépendance émotionnelle, la solitude peut d'abord sembler intimidante, voire terrifiante. Le silence et l'espace ouvert de l'être seul peuvent faire écho aux peurs et aux angoisses qui ont longtemps été masquées par le chaos ou l'attention constante des autres.

Cependant, c'est précisément dans cette vastitude silencieuse que réside la possibilité d'une véritable guérison et d'une découverte de soi sans entrave. La solitude offre un espace sans jugement où les émotions peuvent être explorées et exprimées librement, où les schémas de pensée peuvent être dévoilés et examinés sans crainte de répercussion ou de critique.

En sondant les profondeurs de notre être dans la solitude, nous sommes également confrontés à la réalité de nos propres besoins, désirs et limites. C'est un espace où nous pouvons nous exercer à l'honnêteté envers nous-mêmes, à reconnaître sans filtre ce qui est présent dans notre espace intérieur, que cela soit confortable ou inconfortable, plaisant ou déplaisant.

Les bienfaits de la solitude se manifestent également dans le renforcement de la résilience personnelle et de l'indépendance émotionnelle. Lorsque nous pouvons être avec nous-mêmes, naviguer dans nos propres eaux émotionnelles et mentales sans avoir besoin de nous accrocher constamment à d'autres pour la validation ou le soutien, nous construisons une robustesse intérieure qui nous sert dans toutes les sphères de la vie.

Cela ne veut pas dire que le chemin vers la valorisation de la solitude est exempt d'obstacles ou de défis. Les vieux démons, les peurs enfouies et les blessures non guéries peuvent ressurgir avec vigueur dans l'espace créé par la solitude. Cependant, c'est dans l'affrontement et le travail avec ces éléments que la véritable croissance peut surgir.

La solitude devient ainsi non seulement une pratique d'engagement avec soi-même, mais aussi un champ d'entraînement pour le développement de compétences telles que la régulation émotionnelle, l'auto-compassion, et l'affirmation de soi. C'est une toile vierge où nous pouvons peindre librement, explorant et exprimant les divers aspects de notre être sans crainte de reproche, de critique ou de jugement.

C'est également un territoire où nous apprenons à être notre propre source de confort et de réconfort, à devenir des pourvoyeurs d'amour, d'acceptation et de soutien pour nous-mêmes. Dans cet espace sacré, nous apprenons à être les gardiens de nos propres âmes, les protecteurs de nos propres cœurs et les bâtisseurs de nos propres chemins.

La poursuite du chemin vers la valorisation de la solitude exige également de nous, une déconstruction minutieuse de nos perceptions et de nos croyances concernant la solitude elle-même. Dans de nombreux contextes sociaux et culturels, être seul est souvent synonyme de solitude ou est perçu comme un état indésirable. Cette vue péjorative de la solitude peut parfois agir comme un obstacle à l'embrassement pleinement conscient de ses bienfaits potentiels. Ainsi, déconstruire et réévaluer ces croyances est un pan essentiel pour redéfinir la solitude en tant qu'alliée plutôt qu'ennemie.

Le plein accueil de la solitude nous amène à découvrir une connexion plus profonde avec notre propre source d'énergie intérieure et notre capacité à générer notre propre bonheur et contentement. Ce n'est pas un rejet des autres, mais plutôt une affirmation de notre propre valeur et de notre propre capacité à générer du bien-être. Il s'agit d'être suffisamment en paix et en harmonie avec soi-même, de telle sorte que notre bien-être émotionnel et mental ne dépend pas de la présence ou de l'approbation des autres.

Il est également crucial de reconnaître que la solitude n'est pas un état permanent, mais un espace que nous pouvons choisir d'occuper consciemment quand cela sert notre bien-être et notre croissance. La solitude devient ainsi un choix délibéré, un acte d'autonomie où nous nous accordons la permission de prendre du recul par rapport au monde extérieur afin de nous reconnecter avec notre monde intérieur.

En cultivant un rapport sain avec la solitude, nous cultivons paradoxalement aussi notre capacité à être en relation avec les autres d'une manière plus saine et plus équilibrée. En connaissant et en comprenant plus profondément qui nous sommes, en nous engageant avec nos propres besoins et désirs avec compassion et compréhension, nous sommes mieux équipés pour interagir avec les autres d'une manière qui respecte à la fois nos limites et les leurs.

C'est un exercice d'équilibre, où nous apprenons à osciller entre l'engagement avec nous-mêmes dans la solitude et l'engagement avec les autres dans la relation, en portant une attention particulière à maintenir un équilibre qui préserve notre bien-être et notre intégrité.

La solitude, en tant qu'espace pour la guérison et la découverte de soi, est également un lieu où nous pouvons expérimenter et explorer différentes facettes de notre être sans contrainte. Cela pourrait signifier s'engager dans des activités et des explorations qui nous passionnent, qui nous allument et qui nous nourrissent d'une manière qui est parfois laissée de côté ou négligée dans l'agitation des interactions sociales et des relations.

De l'exploration créative à l'immersion dans des activités qui nous réjouissent, la solitude devient un champ de jeu pour l'âme, un espace où nous pouvons redécouvrir et réaffirmer qui nous sommes et ce qui est important pour nous. Cela peut également être un espace où nous développons notre propre voix et notre propre vision, indépendamment des influences et des attentes externes.

En tissant ensemble les fils de la connaissance de soi, de l'auto-compassion, et de l'autonomie, la solitude est non seulement valorisée mais également élevée au rang d'une pratique sacrée pour la santé mentale, émotionnelle, et spirituelle. L'acte d'être seul, loin d'être un isolement ou un retrait, devient plutôt une plongée délibérée dans le vaste océan de notre propre être, une exploration courageuse et une acceptation de tout ce qui émerge dans cet espace sacré de solitude.

Il est également important de souligner que la solitude salutaire ne signifie pas nécessairement une absence totale d'interaction ou de connexion avec les autres. Au contraire, c'est dans notre capacité à être seul avec nous-mêmes que nous trouvons souvent une plus grande capacité à être véritablement présents et authentiques avec les autres.

La relation avec la solitude est donc un voyage, une danse délicate entre le soi et l'espace, entre la présence et l'absence, et entre l'être et le non-être. Et c'est dans cette danse que nous découvrons non seulement qui nous sommes mais également comment nous voulons être, avec nous-mêmes aussi bien qu'avec les autres.

La capacité à valoriser et à tirer profit de la solitude est, sans aucun doute, une compétence essentielle dans le vaste arsenal d'outils que nous pouvons développer pour naviguer avec grâce et résilience à travers les divers terrains de la vie. C'est un art, une science, et un chemin de découverte de soi qui, lorsqu'il est entrepris avec une intention consciente et une ouverture du cœur, a le pouvoir de transformer non seulement notre relation avec nous-mêmes mais aussi notre relation avec le monde qui nous entoure.

Les stratégies pour bâtir une relation saine avec la solitude sont aussi diverses et nuancées que nous le sommes individuellement. La clé, cependant, réside dans l'approche consciemment choisie, intentionnelle, et centrée sur l'auto-compassion avec laquelle nous entrons dans cet espace de solitude, et dans la sagesse avec laquelle nous l'explorons et l'incorporons dans notre vie.

La valorisation de la solitude s'inscrit dans une quête plus large d'équilibre et d'harmonie dans notre être tout entier. Dans ce voyage, chaque étape, chaque découverte, et chaque moment de clarté sont des joyaux qui enrichissent notre compréhension de nous-mêmes et, par extension, notre façon de naviguer dans le vaste océan de l'existence humaine. Et bien que la solitude soit un espace que nous explorons en solo, c'est aussi, paradoxalement, ce qui nous permet de nous connecter plus authentiquement, profondément, et sincèrement avec les autres dans le voyage partagé de notre humanité commune.

FIXER DES OBJECTIFS
PERSONNELS

L'autonomie personnelle ne naît pas dans le vide. Elle est sculptée, édifiée et solidifiée au fil du temps et à travers une suite d'actions et de décisions qui mettent en lumière le propre désir de l'individu de prendre en charge son destin. La définition d'objectifs personnels surgit comme un pilier central dans cette édification, une étape indissociable du renforcement de l'autonomie individuelle. C'est à travers cet exercice que l'individu commence à façonner son chemin, à délimiter le cadre dans lequel son autonomie sera exercée et enrichie.

Se fixer des objectifs propres est une démarche qui incarne à la fois la volonté et l'engagement envers soi-même. Cette démarche permet d'articuler nos aspirations, nos valeurs et notre vision de manière cohérente et tangible. Chaque objectif, défini clairement et intentionnellement, devient un jalon sur le chemin de notre développement personnel, et nous sert de repère dans notre progression vers une autonomie plus robuste.

L'importance d'avoir des objectifs propres pour renforcer l'autonomie réside dans la capacité des objectifs à fournir un cadre structurant et une direction claire qui guident nos actions et nos décisions. En effet, avoir des objectifs clairs et définis permet d'aligner nos actions avec ce qui est véritablement important pour nous, et de nous concentrer sur les étapes et les processus qui nous mèneront là où nous voulons aller.

Les objectifs personnels agissent comme des boussoles, orientant nos efforts et notre énergie dans des directions qui sont non seulement alignées avec nos valeurs et nos aspirations mais qui renforcent également notre capacité à être les acteurs principaux de nos vies. Ils nous permettent de clarifier nos intentions, de concentrer nos énergies là où elles sont le plus nécessaires et de tracer un chemin clair vers les destinations que nous avons choisies.

Il est vital de noter que la formulation d'objectifs personnels et la marche vers leur réalisation est un exercice intrinsèquement lié à la pratique continue de l'autoréflexion. L'autoréflexion est ce qui nous permet de plonger profondément dans nos désirs, nos motivations et nos valeurs, et de comprendre ce qui nous anime véritablement. C'est de cette profonde compréhension de soi que naissent des objectifs qui sont véritablement alignés avec notre essence et notre vérité personnelle.

Cela peut impliquer d'explorer différentes sphères de notre vie, de nos aspirations de carrière à notre développement personnel, en passant par notre bien-être physique et mental. La richesse des objectifs personnels se trouve dans leur capacité à englober divers aspects de notre être et de notre expérience, créant ainsi une vision intégrée et holistique de la personne que nous aspirons à devenir.

Les objectifs définissent également les étapes de notre progression. Ils sont les piliers autour desquels s'articulent notre stratégie et notre plan d'action pour notre propre évolution et développement. Cela inclut la reconnaissance et l'acceptation des obstacles potentiels, ainsi que la formulation de stratégies pour les surmonter. Les défis, inévitables, deviennent des opportunités pour affiner nos stratégies, aiguiser nos compétences et renforcer notre résilience.

Dans le cheminement vers l'autonomie, les objectifs personnels jouent également un rôle crucial en nous fournissant des mécanismes pour mesurer et célébrer nos succès. Chaque objectif atteint est une affirmation de notre capacité à prendre en charge et à façonner notre propre vie. Cela renforce non seulement notre confiance en nous, mais aussi notre foi en notre capacité à naviguer à travers les complexités et les défis qui se présentent sur notre chemin.

Il est également d'une importance capitale de reconnaître que, bien que l'autonomie soit l'objectif, le chemin vers elle est parsemé d'interdépendances. En reconnaissant et en honorant les soutiens, les collaborations et les alliances qui facilitent notre chemin vers nos objectifs, nous engageons une autonomie qui est à la fois robuste et relationnelle, enracinée dans une compréhension authentique de soi et de l'autre.

De plus, la flexibilité demeure un élément essentiel dans l'établissement et la poursuite des objectifs personnels. Le monde dans lequel nous évoluons est dynamique et imprévisible, et nos objectifs, tout en fournissant une direction et une structure, doivent également être capables de s'adapter et d'évoluer en réponse à notre croissance et aux changements dans notre environnement et dans nos circonstances.

L'acte de fixer des objectifs personnels n'est pas simplement un exercice intellectuel ou stratégique. C'est un engagement profond envers soi-même, une proclamation d'une volonté de s'engager dans un processus d'auto-développement qui est à la fois intentionnel et authentique. Il s'agit d'un contrat sacré que l'on passe avec soi-même, un engagement à s'honorer, à se valoriser et à prendre activement part à la sculpture de notre propre existence et de notre propre devenir.

Au terme de ce discours, l'importance d'avoir des objectifs pour renforcer l'autonomie demeure indéniable. Les objectifs personnels sont à la fois le miroir dans lequel nous nous voyons clairement et la lumière qui illumine notre chemin vers notre future réalisation de soi. Ils sont les gardiens de notre autonomie, veillant avec constance à ce que nos pas, dans leur marche en avant, restent fermement ancrés dans le sol de nos valeurs, de nos aspirations et de notre vérité la plus profonde.

L'IMPORTANCE DU RÉSEAU
DE SOUTIEN

L'établissement et l'entretien d'un réseau de soutien sain constituent un élément cardinal dans le périple de quiconque traverse les sentiers de la guérison et du développement personnel. En naviguant à travers les défis que présentent les problématiques telles que la dépendance émotionnelle et le trouble de la personnalité limite, le besoin d'entourer sa personne d'individus encourageants, empathiques et solides n'a jamais été aussi impératif.

Dans l'arène de la guérison, le rôle des relations, en particulier celles qui sont saines et nourrissantes, ne saurait être sous-estimé. Ces relations, cristallisées dans un réseau de soutien, ne sont pas seulement des piliers sur lesquels s'appuyer dans les moments difficiles; elles sont également des refuges, des espaces où l'on peut trouver du réconfort, de la compréhension et, surtout, de l'acceptation sans jugement.

Un réseau de soutien n'est pas simplement un conglomérat d'individus; c'est plutôt une toile symbiotique de relations interconnectées qui, ensemble, forment un système de soutien robuste et fiable. Les membres de ce réseau peuvent être divers dans leur nature et leur rôle: amis, famille, professionnels de la santé, mentors, ou même des groupes de soutien formés de personnes ayant des expériences similaires.

Trouver ces personnes et ces espaces sécurisants peut être un processus qui requiert du discernement, de la conscience de soi, et une compréhension de ce que signifie réellement une relation saine. Une relation saine n'est pas simplement caractérisée par l'absence de négativité ou de conflit; elle est également définie par la présence de qualités affirmatives telles que l'empathie, le respect mutuel, la confiance et une communication ouverte et honnête.

Les relations qui favorisent la guérison sont également celles où l'individu se sent vu, entendu et validé dans son expérience et ses sentiments. Elles offrent un espace où l'individu peut être vulnérable sans craindre le rejet ou le jugement, où les émotions et les expériences sont accueillies avec empathie et compréhension.

Entretenir ces relations exige un engagement mutuel envers la croissance et le soutien réciproque.

Cela implique non seulement d'être présent pour l'autre dans les moments difficiles mais aussi de célébrer les victoires, quelle que soit leur taille. Cela signifie également respecter les limites et reconnaître que, bien que le réseau de soutien joue un rôle vital dans le parcours de guérison, il n'est pas un substitut au travail professionnel effectué avec des professionnels de la santé mentale.

Les professionnels apportent une perspective et une expertise qui complètent le soutien procuré par le réseau personnel. Leur rôle n'est pas de remplacer ou de minimiser l'importance des relations personnelles, mais plutôt d'offrir des stratégies, des outils et des perspectives qui peuvent renforcer et enrichir le soutien existant fourni par le réseau.

Il est également crucial de reconnaître que, bien que le soutien des autres soit vital, il est également impératif de développer et de nourrir une relation saine avec soi-même. Cela implique d'apprendre à s'offrir le même niveau de compassion, de gentillesse et de soutien que l'on donnerait volontiers à d'autres.

Les relations saines, tant avec soi-même qu'avec les autres, sont fondées sur le respect mutuel des limites, une communication ouverte et une empathie authentique. Elles requièrent une volonté d'être présent, non seulement dans les moments de joie et de réussite, mais aussi dans les moments de douleur et de lutte. C'est dans cette présence, dans cette volonté d'être avec et pour l'autre, que les relations deviennent un véritable soutien.

Créer et entretenir un réseau de soutien est un processus dynamique et évolutif, qui s'ajuste et se transforme au fil du temps et au gré des expériences. Les besoins changent, les relations évoluent et le réseau de soutien doit être suffisamment flexible pour s'adapter à ces dynamiques changeantes.

Il est également essentiel de reconnaître que toutes les relations ne perdurent pas indéfiniment et qu'il est sain et nécessaire de mettre fin à des relations qui ne sont plus bénéfiques ou qui sont devenues toxiques. La reconnaissance et l'acceptation de la fin d'une relation, aussi douloureuse soit-elle, est également un élément important du maintien d'un réseau de soutien sain.

En somme, les relations saines et le réseau de soutien qui en découle, constituent une fondation solide sur laquelle le processus de guérison et de croissance peut s'épanouir. Ce sont des piliers qui, tout en étant une source de réconfort et de sécurité, permettent également à l'individu de s'aventurer dans les profondeurs de leur être avec le savoir que, dans cette exploration, ils ne sont jamais vraiment seuls.

CULTIVER DES HOBBIES ET
PASSIONS

L'évolution du soi, spécialement dans le contexte de la récupération et du développement personnel, s'articule largement autour de la redécouverte et de la réaffirmation de l'identité individuelle. Une composante clé de cette redécouverte repose dans l'exploration, la culture et l'approfondissement des intérêts personnels, qui en eux-mêmes se manifestent souvent sous la forme de hobbies et de passions.

Engager la personne dans la poursuite d'activités qui suscitent de la joie, de l'intérêt, et un sentiment d'accomplissement est non seulement une voie vers l'enrichissement personnel, mais également un pilier solide dans la construction d'une autonomie émotionnelle et psychologique. Les hobbies, ces activités que l'on poursuit pour le plaisir et l'intérêt qu'ils nous procurent, se posent comme un échappatoire des contraintes et des pressions du quotidien, offrant un espace où l'individu peut s'exprimer librement, explorer sa créativité, et naviguer parmi ses propres pensées et sentiments de manière structurée.

L'adoption d'un hobby ou l'exploration d'une passion va au-delà du simple acte de faire; il est intrinsèquement lié à l'expression du soi, à la gestion du stress, et au développement d'une structure dans la vie de l'individu. Que l'on peigne, écrive, jardine, court, ou pratique un instrument, l'acte de s'engager dans ces activités devient une articulation de la personne elle-même, de ses émotions, de ses pensées et de ses aspirations.

Les hobbies agissent comme des balises d'autonomie, permettant à l'individu de forger une voie qui lui est propre, définie par ses propres intérêts et non influencée par les désirs ou les attentes externes. Dans ce cadre, ils se manifestent comme des zones d'autodétermination, où la personne dirige ses actions et décisions en fonction de ses propres motivations intrinsèques et non en réponse à des pressions ou des influences externes.

Le rôle des passions et des hobbies dans le renforcement de l'indépendance est également notable dans la manière dont ils façonnent la confiance en soi. La maîtrise d'une compétence, l'amélioration progressive dans une activité choisie, ou simplement la joie et la satisfaction dérivées d'une pratique agréable, sont tous des éléments qui contribuent au développement de l'estime de soi. C'est en adoptant une vision centrée sur le processus, appréciant les expériences et les apprentissages issus de la pratique d'un hobby, que l'individu tisse un lien plus solide avec lui-même, reconnaissant et valorisant ses propres efforts et son propre parcours.

Les hobbies deviennent également des ancrages, offrant une constance et une routine qui peuvent être rassurantes dans les périodes de turbulence ou de changement. Ils fournissent un fil conducteur de normalité et de familiarité, même lorsque le monde extérieur peut sembler imprévisible ou chaotique. Cet ancrage se transforme en une ressource psychologique, apportant un sentiment de contrôle et de compétence, qui peut être particulièrement fortifiant dans les contextes où l'individu peut se sentir autrement impuissant ou désorienté.

Il est fondamental de souligner que les hobbies et les passions ne sont pas de simples distractions ou des échappatoires de la réalité. Ils sont, en effet, des affirmations actives de soi et des investissements dans le bien-être personnel. En s'engageant activement dans ces activités, l'individu ne s'éloigne pas de la réalité, mais plutôt s'engage avec elle d'une manière qui est authentique et significative.

Ainsi, l'exploration et l'approfondissement des hobbies et des passions s'érigent comme une voie essentielle vers la redécouverte de soi dans un contexte d'autonomie et d'authenticité. Ils ne servent pas simplement de passe-temps agréables, mais deviennent des véhicules à travers lesquels l'individu explore, comprend, et ultimement, affirme son identité et son indépendance au milieu des complexités et des défis de la vie quotidienne.

GÉRER LES RECHUTES

Naviguer à travers les défis posés par le Trouble de la Personnalité Dépendante (TPD) implique une reconnaissance que le chemin vers le bien-être n'est pas linéaire. Il est ponctué d'avancées et de revers, et même avec un engagement ferme envers la guérison et l'autogestion, les rechutes peuvent se manifester. Ces périodes, où les symptômes du TPD peuvent revenir ou s'intensifier, sont non seulement fréquentes dans les trajets thérapeutiques, mais font également partie intégrante du processus de guérison.

Une rechute, dans le contexte de la gestion du TPD, peut se manifester de diverses manières. Cela peut prendre la forme d'une intensification des comportements dépendants, une augmentation de l'anxiété dans les relations, une plus grande peur de l'abandon, ou une régression dans les progrès antérieurs relatifs à l'auto-efficacité et à l'autonomie. Reconnaître les signes précoces d'une rechute potentielle est une étape essentielle pour minimiser l'impact et la durée de celle-ci.

Le renforcement des anciens schémas de pensée est souvent un prédicteur précis d'une rechute éventuelle. Cela pourrait se manifester par des pensées intrusives ou obsédantes concernant l'approbation et l'acceptation d'autrui, ou par des sentiments accablants d'incapacité ou de désespoir en l'absence de soutien externe. De même, des modifications dans les modèles de comportement, tels que le retrait social ou la recherche excessive de réassurance, peuvent également signaler une régression ou une rechute.

Lorsque ces signes sont identifiés, plusieurs stratégies peuvent être déployées pour y faire face et minimiser leur impact. L'une d'elles est de revenir aux bases des compétences et des stratégies de gestion qui ont été efficaces dans le passé. Cela pourrait inclure des techniques de régulation émotionnelle, des stratégies de gestion du stress, ou l'emploi d'outils de communication affirmatifs.

L'importance de l'honnêteté, tant envers soi-même qu'avec son réseau de soutien et son équipe thérapeutique, ne saurait être sous-estimée lorsqu'on fait face à une rechute. Ouvrir un dialogue sur les luttes, les inquiétudes et les défis rencontrés est souvent le premier pas vers le rétablissement de l'équilibre et la prévention d'une détérioration supplémentaire. Lors de ces conversations, l'objectif n'est pas de chercher des solutions immédiates ou des remèdes, mais plutôt de créer un espace pour la reconnaissance et l'expression des expériences actuelles.

Parallèlement, renforcer l'engagement envers les routines et les pratiques qui soutiennent le bien-être général peut s'avérer essentiel. Bien que la tentation de s'isoler ou de se retirer des activités puisse être forte pendant les périodes de rechute, le maintien de routines stables et saines peut servir de bouée de sauvetage, stabilisant les repères dans le quotidien et offrant une structure dans les moments d'incertitude.

Un aspect souvent négligé, mais capital dans la gestion des rechutes, est la pratique de la bienveillance envers soi-même. La honte, la culpabilité et l'auto-ré-crimination peuvent souvent accompagner une rechute, et ces sentiments peuvent en soi exacerber et prolonger la durée de celle-ci. Reconnaître que les rechutes ne sont pas des échecs, mais plutôt des éléments du parcours de guérison, permet de se positionner non pas en adversaire de soi-même, mais en partenaire compatissant dans le chemin vers le bien-être.

Il est fondamental de comprendre que la gestion du TPD est un processus en flux constant, nécessitant un ajustement et une recalibration continus. Les rechutes ne sont pas indicatives d'un manque de progrès ou d'un échec thérapeutique, mais sont plutôt des moments d'apprentissage, révélant peut-être des zones qui nécessitent une attention ou une approche ajustée. En traitant les rechutes avec compassion, curiosité, et un engagement renouvelé envers le bien-être, elles peuvent devenir non pas des obstacles insurmontables, mais des étapes intégrantes dans le voyage continu vers la guérison et l'épanouissement.

LES SUCCÈS À CÉLÉBRER

L'avancement dans le domaine du bien-être mental, notamment dans le contexte du Trouble de la Personnalité Dépendante (TPD), n'est pas toujours linéaire ni facilement quantifiable. Les progrès sont souvent subtils, parsemés dans le tissu de la vie quotidienne, et peuvent passer inaperçus sans un examen attentif. Il est fondamental de consacrer du temps et de l'énergie à reconnaître et célébrer ces moments de progression, non seulement comme un acte de reconnaissance mais également comme un élément crucial dans le renforcement des comportements et des attitudes qui favorisent la guérison et l'autogestion.

Reconnaître les succès, petits et grands, ne doit pas être considéré comme un acte d'auto-congratulation ou de complaisance, mais plutôt comme un moyen essentiel de valider l'effort et l'engagement consacrés au processus de guérison. Les progrès, en particulier dans le contexte de la gestion du TPD, peuvent prendre de nombreuses formes, notamment le développement de compétences en matière de gestion de stress, la navigation réussie à travers les interactions sociales complexes, ou même la simple reconnaissance et l'expression adéquate des émotions propres.

La célébration des réussites fournit non seulement une reconnaissance méritée des efforts, mais aussi un renforcement positif des stratégies et des comportements qui ont contribué à ces progrès. Cet acte de célébration contribue à consolider les voies neuronales associées aux comportements souhaitables, rendant ces actions plus accessibles et plus fréquentes à l'avenir.

En outre, la reconnaissance des progrès contribue également à forger une image de soi plus positive et plus affirmée, alimentant une spirale ascendante où l'estime de soi et la confiance sont accrues, offrant ainsi un terrain plus fertile pour des progrès supplémentaires. Cette estime de soi renforcée ne concerne pas seulement les domaines directement liés aux progrès célébrés, mais peut se diffuser dans d'autres secteurs de la vie, engendrant une perspective plus équilibrée et plus positive en général.

Il est également important de noter que la reconnaissance et la célébration des progrès ont également un impact sur le réseau de soutien de l'individu. Non seulement ces célébrations offrent une occasion de partager les réussites avec ceux qui offrent du soutien, mais elles servent aussi à informer ces individus des stratégies et des approches qui se sont avérées bénéfiques. Cela peut à son tour aider à affiner et à personnaliser le soutien offert, en garantissant qu'il est le plus pertinent et le plus efficace possible.

L'acte de célébration ne doit pas nécessairement être grand ou extérieur. Il peut s'agir simplement de prendre un moment pour soi-même, pour reconnaître intérieurement les progrès réalisés. Cela peut se manifester par une pause réfléchie, un moment de gratitude, ou un petit rituel personnel qui signifie et honore le progrès.

Il est crucial de rappeler que chaque personne est unique dans son cheminement vers le bien-être et la guérison. Les jalons de chacun et les victoires célébrées peuvent varier considérablement et ne se prêtent pas à la comparaison. Chaque petit pas, chaque avancée mérite d'être honorée et reconnue, non en comparaison avec les voyages des autres, mais en tant que reflet significatif du propre parcours de l'individu.

En faisant de la reconnaissance et de la célébration une pratique intégrée dans le parcours de la guérison, non seulement l'individu est soutenu et validé, mais les bases d'une gestion continue et durable du TPD sont également renforcées. Chaque célébration sert de pierre de touche pour les moments futurs, un rappel des compétences, des connaissances, et de la résilience qui ont été développées et peuvent être convoquées dans les moments futurs de défi et de difficulté.

CONCLUSION

Afin de forger un chemin durable vers la guérison et le bien-être dans le contexte du Trouble de la Personnalité Dépendante (TPD), la nécessité d'appréhender et d'incorporer diverses étapes et stratégies dans le quotidien de l'individu se manifeste comme un impératif. La bataille contre le TPD ne se résume pas à un unique moment de révélation ou à une progression linéaire, mais elle se constitue plutôt d'une série de stratégies entrelacées, de prises de conscience et d'efforts soutenus dans le temps. Ces étapes ont été méticuleusement abordées tout au long des chapitres précédents, chacun mettant en lumière un aspect particulier du voyage vers l'autonomie et la santé mentale équilibrée.

L'élaboration de relations saines, qui ne nourrissent pas ou exacerbent les comportements et attitudes dépendants, s'est révélée essentielle. Ceci a été souligné par l'importance de reconnaître et de se distancer des relations qui perpétuent la dépendance et nuisent à la progression vers l'indépendance émotionnelle et fonctionnelle. La valorisation de la solitude a également été mise en exergue comme un outil fondamental, offrant un espace pour l'introspection, la croissance personnelle et le développement d'une autonomie robuste.

La mise en place d'objectifs personnels et l'établissement d'un réseau de soutien adéquat sont apparus comme des piliers stabilisateurs dans le parcours de gestion du TPD. Les objectifs fournissent non seulement une direction, mais aussi une motivation et un sens du but, tandis qu'un réseau de soutien offre une plateforme à la fois pour le partage des défis et la célébration des succès. Cela est complémenté par le développement d'hobbies et de passions, qui non seulement renforcent l'indépendance en diversifiant les sources de joie et de satisfaction dans la vie, mais contribuent également à forger une identité et une estime de soi solides, en dehors des dynamiques relationnelles.

La prise en main proactive de la santé mentale et du bien-être a été identifiée comme un autre jalon crucial, marquant la reconnaissance que le pouvoir de changer réside intrinsèquement en soi. La capacité de gérer activement les symptômes, les comportements et les pensées associés au TPD est une composante essentielle de la maintenance du bien-être à long terme. Parallèlement, la préparation et la gestion des rechutes, en reconnaissant les signes précurseurs et en ayant des plans en place pour y répondre, se sont révélées essentielles pour maintenir et progresser dans le chemin vers la guérison.

Célébrer les succès, même les plus minuscules, et transformer les défis en opportunités, par l'adoption d'une perspective orientée vers les solutions, se sont imposés comme des stratégies vitales, non seulement pour maintenir la motivation et le moral, mais aussi pour consolider les apprentissages et les progrès réalisés.

Se déplacer à travers ces divers domaines nécessite une attitude d'acceptation, de persévérance et de compassion envers soi-même, reconnaissant que le chemin vers la guérison n'est pas linéaire et qu'il sera ponctué de hauts et de bas. Chaque étape franchie, chaque obstacle surmonté et chaque succès, petit ou grand, célébré, renforce le fondement sur lequel l'indépendance et le bien-être sont construits.

En regardant vers l'avenir, il est essentiel de reconnaître que la gestion du TPD est un processus continu, nécessitant un engagement soutenu et un ajustement constant des stratégies et des approches en fonction de l'évolution des besoins et des circonstances. La flexibilité, la conscience de soi et l'auto-compassion restent des alliés puissants tout au long de ce parcours.

Les outils et les perspectives partagées au fil des chapitres forment un tissage complexe de stratégies, destinées à guider et soutenir les individus à travers le spectre du TPD dans leur quête vers l'autonomie et le bien-être. Alors que chaque individu est unique et que le voyage sera intrinsèquement personnel, les principes et les étapes clés discutés servent de points de repère, offrant à la fois une structure et une orientation tout au long de ce chemin.

Les progrès réalisés, quelle que soit leur taille, sont des preuves vivantes de la résilience et de la force qui résident en chaque individu faisant face au TPD. La poursuite de ce cheminement vers une vie équilibrée et autonome s'avère non seulement être un acte de soin envers soi, mais aussi un témoignage inspirant de courage, de force et de persévérance.

ISBN : 979-8863488998

Printed in France by Amazon
Brétigny-sur-Orge, FR

20366801R00067